¿Cuántos juguetes?

Sharon Coan

Créditos de publicación

Rachelle Cracchiolo, M.S.Ed., *Editora comercial*
Conni Medina, M.A.Ed., *Gerente editorial*
Jamey Acosta, *Directora de contenido*
Dona Herweck Rice, *Realizadora de la serie*
Robin Erickson, *Diseñadora de multimedia*

Créditos de las imágenes: pág. 3 ©iStock.com/ivanastar; págs. 4, 12 (superior) ©iStock.com/gldburger, (centro) ©iStock.com/gdagys, (inferior) ©iStock.com/-PureEye-Photo-; pág. 6 ©iStock.com/zayatssv; todas las demás imágenes de Shutterstock.

Library of Congress Cataloging-in-Publication Data

Coan, Sharon.
Cuántos juguetes / Sharon Coan.
  pages cm
Audience: K to grade 3.
Summary: "¿Cuántos juguetes hay? ¡Cuenta y lo sabrás!" -- Provided by publisher.
ISBN 978-1-4938-2971-2 (pbk.)
1. Counting--Juvenile literature. I. Title.
QA113.C627518 2016
513.2'11--dc23
                  2015031105

Teacher Created Materials

5301 Oceanus Drive
Huntington Beach, CA 92649-1030
http://www.tcmpub.com

ISBN 978-1-4938-2971-2

© 2016 Teacher Created Materials, Inc.
Made in China
Nordica.012018.CA21701268

juguetes

4 juguetes

1 más

3 juguetes

2 más

7 juguetes

3 más

1 juguete

0 más

Palabras para aprender

juguetes

más